I0820655

Caballo purasangre

Grace Hansen

Published by Abdo Kids, a division of ABDO, P.O. Box 398166, Minneapolis, Minnesota 55439.

Printed in the United States of America, North Mankato, Minnesota.

052017

092017

Spanish Translator: Maria Puchol

Photo Credits: Depositphotos Enterprise, iStock, Shutterstock,
©Stefan Holm p.15 / Shutterstock.com

Production Contributors: Teddy Borth, Jennie Forsberg, Grace Hansen

Design Contributors: Dorothy Toth, Laura Mitchell

Publisher's Cataloging in Publication Data

Names: Hansen, Grace, author.

Title: Caballo purasangre / by Grace Hansen.

Other titles: Thoroughbred horses. Spanish

Description: Minneapolis, Minnesota : Abdo Kids, 2018 | Series: Caballos | Includes bibliographical references and index.

Identifiers: LCCN 2016963384 | ISBN 9781532102066 (lib. bdg.) | ISBN 9781532102868 (ebook)

Subjects: LCSH: Thoroughbred horses--Juvenile literature. | Spanish language materials--Juvenile literature.

Classification: DDC 636.1/32--dc23

LC record available at http://lccn.loc.gov/2016963384

Contenido

Los caballos purasangre

El purasangre es un caballo con mucho talento. ¡Gracias a sus largas patas y a su esbelto cuerpo es una máquina de carreras!

Los purasangre tienen el cuello largo. Su lomo es corto y curvado.

Estos caballos pueden ser de muchos colores. Los colores **alazán**, negro o castaño son muy comunes. Pueden tener marcas en la cara o en los tobillos.

Los purasangre son más altos que la mayoría de las otras razas. Pueden llegar a medir 17 **manos** de alto. Lo normal en los otros caballos es medir 15.2 manos.

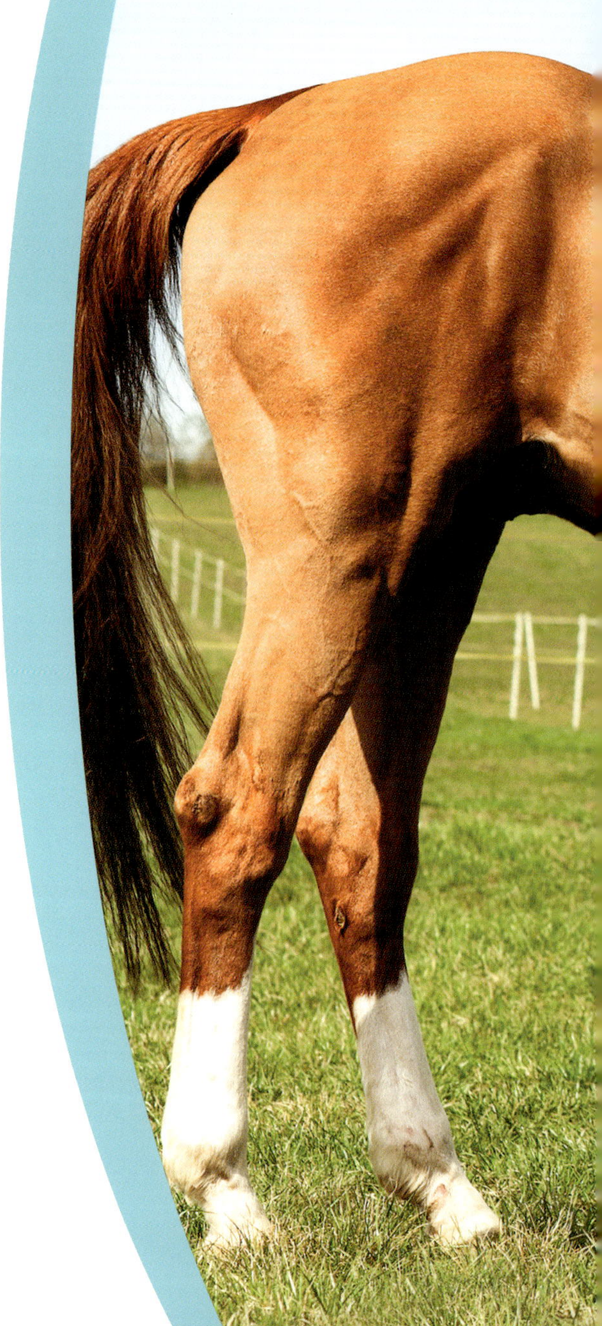

¡Corredores!

A los purasangre se les conoce por ser los mejores en las carreras. ¡Pueden galopar a más de 40 millas por hora (64 km/h)! A la gente le encanta ir a las carreras para animarlos.

A esta raza de caballos se les puede entrenar para más cosas. Son buenos en saltos y son la raza más querida en los partidos de **polo**.

Personalidad y entrenamiento

Los purasangre son caballos de sangre caliente. Esto significa que tienen mucha energía. Pero también son caballos sensibles.

Entrenar a un purasangre no es un trabajo fácil. Tiene que hacerlo alguien con experiencia. Cuando este caballo está bien entrenado, ¡es invencible!

Más datos

- Secretariat fue uno de los mejores caballos de carreras purasangre de todos los tiempos. Ganó 16 de las 21 carreras que corrió. Su récord de velocidad fue 40.18 mph (64.66 km/h).

- El purasangre más rápido de la historia ha sido Winning Brew. En el año 2008 se le registró una velocidad de 43.97 mph (70.76 km/h).

- Estos caballos comen mucho porque trabajan muy duro. ¡Pueden llegar a comer 20 libras (9 kg) de heno al día!

Glosario

alazán – castaño rojizo.

manos – unidad de medida (una mano es igual a 4 pulgadas o a 10.16 cm); se usa principalmente para medir la altura de los caballos desde el suelo hasta los hombros.

perfil – vista lateral de la cabeza.

polo – deporte que se practica a caballo, donde dos equipos tienen que ganar dos puntos metiendo con un mazo una pelota de madera en la portería.

Índice

abdokids.com

¡Usa este código para entrar en abdokids.com y tener acceso a juegos, arte, videos y mucho más!

Código Abdo Kids:
HTK9305